Campeones de la NBA: El Miami Heat

El centro Hassan Whiteside

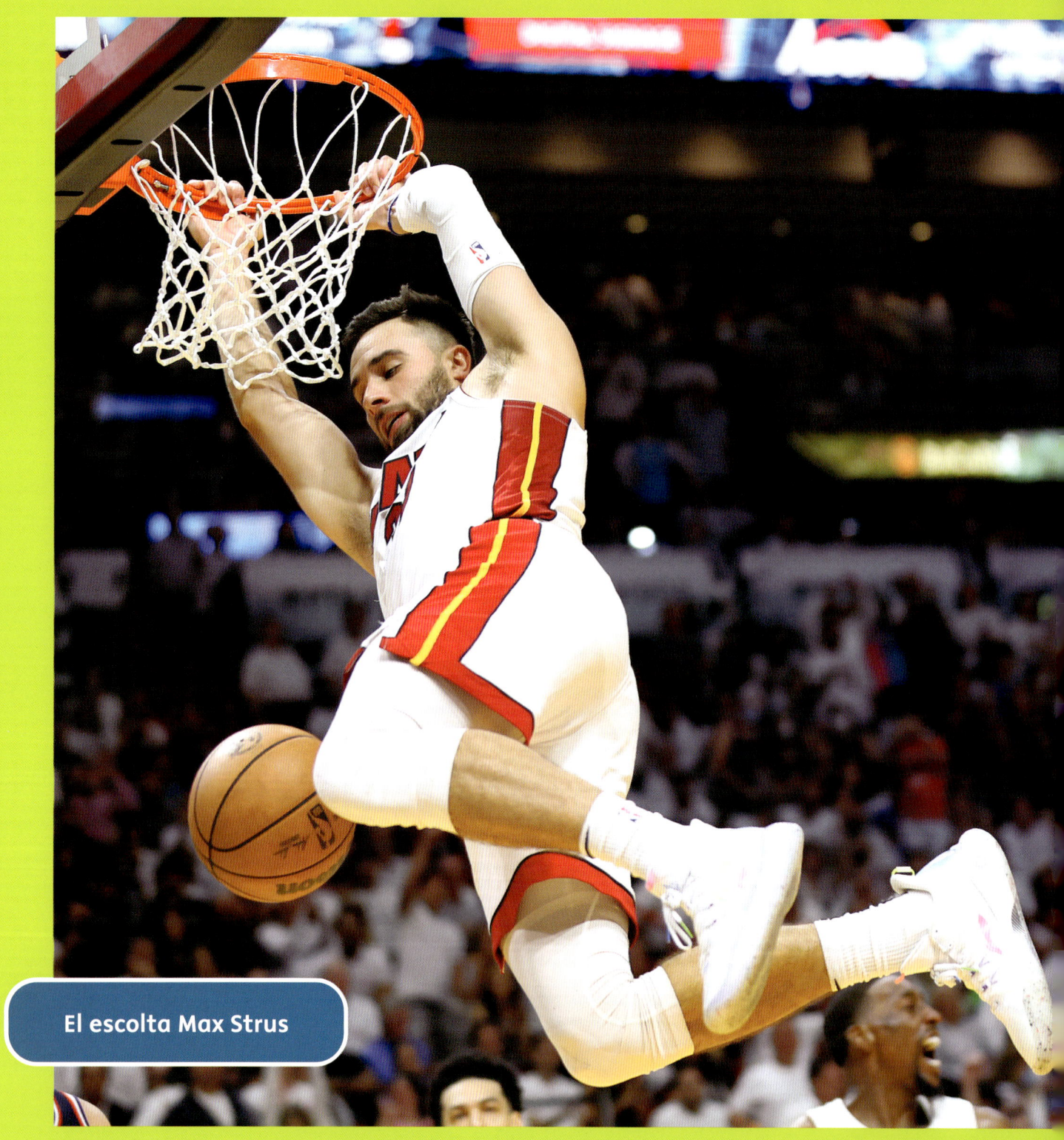

El escolta Max Strus

CAMPEONES DE LA NBA
EL MIAMI HEAT

POR JAMES BARRY

CREATIVE EDUCATION / CREATIVE PAPERBACKS

El alero LeBron James

Publicado por Creative Education y Creative Paperbacks
P.O. Box 227, Mankato, Minnesota 56002
Creative Education y Creative Paperbacks son sellos de
The Creative Company
www.thecreativecompany.us

Dirección artística de Tom Morgan
Producción de libros de Graham Morgan
Editado por Grace Cain

Imágenes de Associated Press/Toby Massey, 15; HANS DERYK/Reuters, 4; Getty Images/ Andrew D. Bernstein, 6, 7, David Berding, portada, Fernando Medina, 12, Issac Baldizon, portada, 16, Jamie Squire, 19, Jason Miller, 20, Jim McIsaac, 1, 10, John W. McDonough, 5, Michael Reaves, 2, Mike Ehrmann, 3, Peter Llewellyn, 24; Unsplash/Muzammil Soorma, 9
Se ha hecho todo lo posible por contactar con los titulares de los derechos de autor del material reproducido en este libro. Cualquier omisión será rectificada en impresiones posteriores si se notifica al editor.

Copyright © 2025 Creative Education, Creative Paperbacks
Derechos de autor internacionales reservados en todos los países. Ninguna parte de este libro puede ser reproducida en forma alguna sin permiso escrito del editor.

Library of Congress Cataloging-in-Publication Data
Names: Barry, James (author of children's books), author.
Title: El Miami Heat / by James Barry.
Other titles: Miami Heat. English
Description: Mankato, Minnesota : Creative Education and Creative Paperbacks, [2025] | Series: Creative sports. Campeones de la NBA | Ages 7-10 years | Audience: Grades 2-3 | Summary: "Elementary-level text translated into North American Spanish and dynamic sports photos highlight the NBA championship wins of the Miami Heat, plus sensational players associated with the professional basketball team such as Jimmy Butler"-- Provided by publisher.
Identifiers: LCCN 2024023423 (print) | LCCN 2024023424 (ebook) | ISBN 9798889898207 (lib. bdg.) | ISBN 9781682778791 (paperback) | ISBN 9798889898405 (ebook)
Subjects: LCSH: Miami Heat (Basketball team)--Juvenile literature. | Basketball--Florida--Miami--History--Juvenile literature.
Classification: LCC GV885.52.M53 B3718 2025 (print) | LCC GV885.52.M53 (ebook) | DDC 796.332/6409759381--dc23/eng/20240712

Impreso en China

El entrenador Pat Riley

El alero LeBron James

ÍNDICE

Hogar del Heat	8
Nombrando al Heat	13
Historia del Heat	14
Otras estrellas del Heat	18
Acerca del Heat	22
Glosario	23
Índice	24

CAMPEONES DE LA NBA

Hogar del Heat

Miami (Florida) es famosa por sus playas cálidas y su música con ritmo. También alberga un **estadio** llamado Kaseya Center. Allí juega un equipo de baloncesto llamado el Heat.

CAMPEONES DE LA NBA

El base Dwyane Wade

El Miami Heat forma parte de la Asociación Nacional de Baloncesto (NBA). Juegan en la División Sureste. Forma parte de la Conferencia Este. Sus **rivales** son los Boston Celtics y los New York Knicks. Todos los equipos de la NBA quieren ganar las **Finales de la NBA** y proclamarse campeones.

El centro Alonzo Mourning

Nombrando al Heat

Los propietarios del equipo organizaron un concurso para encontrar un buen nombre. Tres de los más votados fueron los Waves, los Sharks y el Heat. Los propietarios se decidieron por el Heat. Encajaba con el clima soleado de Miami. También esperaban que el equipo fuera un gran ganador.

Historia del Heat

El Heat empezó a jugar en 1988. Empezaron despacio. El equipo sólo ganó 15 partidos en su primera temporada. Al año siguiente, el alero de puntuación alta Glen Rice se unió al Heat. Empezaron a mejorar.

En 1995, Pat Riley se convirtió en entrenador en jefe del Heat y presidente del equipo. Incorporó a jugadores clave. Traspasaron por el centro Alonzo Mourning. También llegó el habilidoso escolta Tim Hardaway. Las dos estrellas llevaron al Heat a las **eliminatorias** seis años seguidos.

El centro Skip Thoren

CAMPEONES DE LA NBA

El base Dwayne Wade

En 2003, el Heat tomó una gran decisión. Eligieron al escurridizo escolta Dwyane Wade en el Draft de la NBA. Se convirtió en uno de los mejores jugadores del Heat. En 2006, Wade y el poderoso centro Shaquille O'Neal llevaron al Heat a su primer campeonato de la NBA.

En 2010, el alero superestrella LeBron James se unió a Wade. También lo hizo el centro y ala pívot Chris Bosh. Las tres estrellas llevaron al Heat a las Finales cuatro años seguidos. Miami ganó dos **títulos** más.

Otras estrellas del Heat

A lo largo de los años, el Heat ha tenido muchos buenos jugadores. El centro Rony Seikaly era un gran **reboteador**. El **swingman** Eddie Jones fue uno de los mejores anotadores a principios de la década de 2000.

El ala pívot Udonis Haslem fue uno de los mejores reboteadores del Heat durante muchos años. Fue el jugador que capturó la mayor cantidad de rebotes en la historia del equipo. El base Goran Dragić era un gran pasador. Fue **All-Star** con el Heat.

El swingman Eddie Jones

El alero Jimmy Butler

EL MIAMI HEAT

l alero Jimmy Butler y el centro Bam Adebayo son los mejores jugadores del Heat en la actualidad. Han llevado a Miami a las Finales dos veces en la década de 2020. ¿Conseguirán el entrenador en jefe Erik Spoelstra y sus dos estrellas que el equipo gane su cuarto campeonato? Los aficionados del Heat seguro que lo esperan.

Acerca del Heat

Primera temporada: 1988-89

Conferencia/división: Conferencia Este, División Sureste

Colores del equipo: negro, rojo y amarillo

Estadio local: Kaseya Center

CAMPEONATOS DE LA NBA:

2006, 4 partidos a 2 sobre los Dallas Mavericks

2012, 4 partidos a 1 sobre el Oklahoma City Thunder

2013, 4 partidos a 3 sobre los San Antonio Spurs

PÁGINA WEB DEL EQUIPO:

https://www.nba.com/heat

Glosario

All-Star—jugador elegido para jugar en el partido All-Star, en el que participan las principales estrellas de la temporada

eliminatorias—partidos que juegan los mejores equipos después de la temporada regular para ver quién será el campeón

estadio—un edificio grande con asientos para espectadores, donde se celebran partidos deportivos y eventos de entretenimiento

Finales de la NBA—serie de partidos entre dos equipos al final de las eliminatorias; el primer equipo que gana cuatro partidos es el campeón

reboteador—jugador que atrapa y controla el balón después de un tiro fallado

rival—equipo que juega más duro contra otro equipo

swingman—jugador de baloncesto que puede jugar de escolta o de alero

título—otra palabra para campeonato

El escolta Josh Richardson

Índice

Adebayo, Bam, 21

Bosh, Chris, 17

Butler, Jimmy, 20, 21

Dragic, Goran, 18

Hardaway, Tim, 14

Haslem, Udonis, 18

James, LeBron, 4, 6, 17

Jones, Eddie, 18, 19

Kaseya Center, 8, 22

Mourning, Alonzo, 12, 14

nombre del equipo, 13

O'Neal, Shaquille, 17

Rice, Glen, 14

Richardson, Josh, 24

Riley, Pat, 5, 14

Seikaly, Rony, 18

Spoelstra, Erik, 21

Thoren, Skip, 15

Wade, Dwyane, 10, 16, 17